LE

DÉPIT AMOUREUX

COMÉDIE EN DEUX ACTES

DE MOLIÈRE

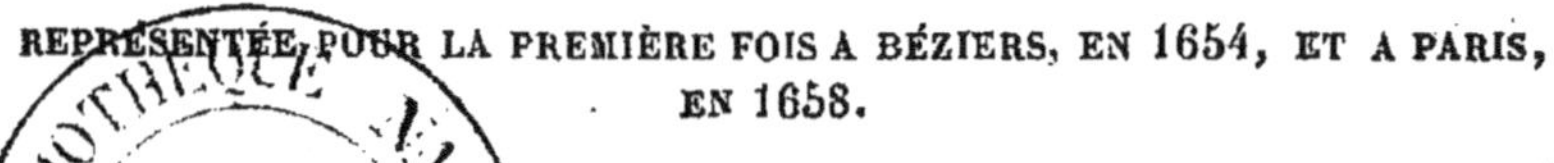
REPRÉSENTÉE POUR LA PREMIÈRE FOIS A BÉZIERS, EN 1654, ET A PARIS, EN 1658.

PARIS
MICHEL LÉVY FRÈRES, LIBRAIRES-ÉDITEURS
RUE VIVIENNE, 2 BIS.
1851.

Distribution de la pièce.

ERASTE, amant de Lucile.	MM. Longpré.
VALÈRE, amoureux de Lucile.	Poulin.
GROS-RENÉ, valet d'Eraste.	Thiron.
MASCARILLE, valet de Valère.	Huber.
LUCILE, amante d'Eraste.	Mmes Palmyre.
MARINETTE, suivante de Lucile.	Avenel.

LE DÉPIT AMOUREUX.

ACTE PREMIER.

SCÈNE PREMIÈRE.

ÉRASTE, GROS-RENÉ.

ÉRASTE.

Veux-tu que je te dise, une atteinte secrète
Ne laisse point mon âme en une bonne assiette.
Oui, quoiqu'à mon amour tu puisse repartir,
Il craint d'être la dupe, à ne te point mentir ;
Qu'en faveur d'un rival ta foi ne se corrompe,
Ou du moins qu'avec moi toi-même on ne te trompe.

GROS-RENÉ.

Pour moi, me soupçonner de quelque mauvais tour,
Je dirai, n'en déplaise à monsieur votre amour,
Que c'est injustement blesser ma prud'hommie,
Et se connaître mal en physionomie ;
Le gens de mon minois ne sont point accusés
D'être, grâces à Dieu, ni fourbes ni rusés.
Cet honneur qu'on nous fait, je ne le démens guères,
Et suis homme fort rond de toutes les manières.
Pour que l'on me trompât, cela se pourrait bien,
Le doute est mieux fondé, pourtant je n'en crois rien.
Je ne vois point encor, ou je suis une bête,
Sur quoi vous avez pu prendre martel en tête.
Lucile, à mon avis, vous montre assez d'amour ;

Elle vous voit, vous parle à toute heure du jour,
Et Valère, après tout, qui cause votre crainte,
Semble n'être à présent souffert que par contrainte.

ÉRASTE.

Souvent d'un faux espoir un amant est nourri;
Le mieux reçu toujours n'est pas le plus chéri;
Et tout ce que d'ardeur font paraître les femmes
Parfois n'est qu'un beau voile à couvrir d'autres flammes.
Valère enfin, pour être un amant rebuté,
Montre depuis un temps trop de tranquillité;
Et si tu n'en crois rien, dis-moi, je t'en conjure,
Si j'ai lieu de rêver dessus cette aventure.

GROS-RENÉ.

Peut être que son cœur a changé de désirs,
Connaissant qu'il poussait d'inutiles soupirs.

ÉRASTE.

Lorsque par les rebuts une âme est détachée,
Elle veut fuir l'objet dont elle fut touchée,
Et ne rompt point sa chaîne avec si peu d'éclat,
Qu'elle puisse rester en un paisible état :
De ce qu'on a chéri la fatale présence
Ne nous laisse jamais dedans l'indifférence;
Et si de cette vue on n'accroît son dédain,
Notre amour est bien près de nous rentrer au sein.
Enfin, crois-moi, si bien qu'on éteigne une flamme,
Un peu de jalousie occupe encore une âme;
Et l'on ne saurait voir, sans en être piqué,
Posséder par un autre un cœur qu'on a manqué.

GROS-RENÉ.

Pour moi, je ne sais point tant de philosophie;
Ce que voient mes yeux, franchement je m'y fie,
Et ne suis point de moi si mortel ennemi,
Que je m'aille affliger, sans sujet, ni demi.
Pourquoi subtiliser et faire le capable
A chercher des raisons pour être misérable?
Sur des soupçons en l'air je m'irais alarmer!

Laissons venir la fête avant de la chômer.
Le chagrin me paraît une incommode chose,
Je n'en prends point pour moi sans bonne et juste cause ;
Et même devant moi, sans sujet d'en avoir,
S'offrent le plus souvent que je ne veux pas voir.
Avec vous en amour je cours même fortune,
Celle que vous aurez me doit être commune ;
La maîtresse ne peut abuser votre foi,
A moins que la suivante en fasse autant pour moi ;
Mais j'en fuis la pensée avec un soin extrême,
Je veux croire les gens, quand on me dit : Je t'aime ;
Et ne vais point chercher, pour m'estimer heureux,
Si Mascarille, ou non, s'arrache les cheveux.
Que tantôt Marinette endure qu'à son aise
Jodelet, par plaisir, la caresse et la baise,
Et que ce beau rival en rie ainsi qu'un fou ;
A son exemple aussi, j'en rirai tout mon sou,
Et l'on verra qui rit avec meilleure grâce.

ÉRASTE.

Voilà de tes discours.

GROS-RENÉ.

Mais je la vois qui passe.

SCÈNE II.

MARINETTE, ÉRASTE, GROS-RENÉ.

GROS-RENÉ.

S't, Marinette !

MARINETTE.

Ho ! ho ! que fais-tu là ?

GROS-RENÉ.

Ma foi,

Demande ; nous étions tout à l'heure sur toi.

MARINETTE.

Vous êtes aussi là, monsieur ! Depuis une heure
Vous m'avez fait trotter comme un Basque, ou je meure.

ÉRASTE.

Comment ?

MARINETTE.

Pour vour chercher, j'ai fait dix mille pas,
Et vous promets ma foi...

ÉRASTE.

Quoi ?

MARINETTE.

Que vous n'êtes pas
Au temple, au cours, chez vous, ni dans la grande place.

GROS-RENÉ.

Il fallait en jurer.

ÉRASTE.

Apprends-moi donc, de grâce,
Qui te fait me chercher ?

MARINETTE.

Quelqu'un, en vérité,
Qui pour vous n'a pas trop mauvaise volonté ;
Ma maîtresse, en un mot.

ÉRASTE.

Ah ! chère Marinette !
Ton discours de son cœur est-il bien l'interprète ?
Ne me déguise point un mystère fatal ;
Je ne t'en voudrais pas pour cela plus de mal :
Au nom des dieux ! dis-moi si ta belle maîtresse
N'abuse point mes vœux d'une fausse tendresse.

MARINETTE.

Hé ! hé ! d'où vous vient donc ce plaisant mouvement ?
Elle ne fait pas voir assez son sentiment ?

Quel garant est-ce encor que votre amour demande?
Que lui faut-il?

GROS-RENÉ.

A moins que Valère se pende,
Bagatelle, son cœur ne s'assurera point.

MARINETTE.

Comment?

GROS-RENÉ.

Il est jaloux jusques en un tel point.

MARINETTE.

De Valère? Ah! vraiment, la pensée est bien belle!
Elle peut seulement naître en votre cervelle?
Je vous croyais du sens, et jusqu'à ce moment
J'avais de votre esprit quelque bon sentiment.
Mais, à ce que je vois, je me suis fort trompée.
Ta tête de ce mal est-elle aussi frappée?

GROS-RENÉ.

Moi, jaloux? Dieu m'en garde, et d'être assez badin
Pour m'aller amaigrir avec un tel chagrin.
Outre que de ton cœur ta foi me cautionne,
L'opinion que j'ai de moi-même est trop bonne
Pour croire auprès de moi que quelque autre te plût.
Où diantre pourrais-tu trouver qui me valût?

MARINETTE.

En effet, tu dis bien; voilà comme il faut être.
Jamais de ces soupçons qu'un jaloux fait paraître:
Tout le fruit qu'on en cueille est de se mettre mal,
Et d'avancer par là les desseins d'un rival:
Au mérite souvent de qui l'éclat vous blesse
Vos chagrins font ouvrir les yeux d'une maîtresse;
Et j'en sais tel qui doit son destin le plus doux
Aux soins trop inquiets de son rival jaloux.
Enfin, quoi qu'il en soit, témoigner de l'ombrage,
C'est jouer en amour un mauvais personnage,
Et se rendre, après tout, misérable à crédit;

Cela, seigneur Éraste, en passant vous soit dit.

ÉRASTE.

Hé bien ! n'en parlons plus; que venais-tu m'apprendre ?

MARINETTE.

Vous mériteriez bien que l'on vous fît attendre,
Qu'afin de vous punir je vous tinsse caché
Le grand secret pour quoi je vous ai tant cherché.
Tenez, voyez ce mot, et sortez hors de doute;
Lisez-le donc tout haut, personne ici n'écoute.

ERASTE, *lit.*

Vous m'avez dit que votre amour
Etait capable de tout faire ;
Il se couronnera lui-même dans ce jour,
S'il peut avoir l'aveu d'un père.
Faites parler les droits qu'on a dessus mon cœur :
Je vous en donne la licence ;
Et si c'est en votre faveur,
Je vous réponds de mon obéissance.

Ah ! quel bonheur ! O toi qui me l'as apporté,
Je te tois regarder comme une déité.

GROS-RENÉ.

Je vous le disais bien, contre votre croyance :
Je ne me trompe guère aux choses que je pense.

ÉRASTE, *relit.*

Faites parler les droits qu'on a dessus mon cœur :
Je vous en donne la licence ;
Et si c'est en votre faveur,
Je vous réponds de mon obéissance.

MARINETTE.

Si je lui rapportais vos faiblesses d'esprit,
Elle désavoûrait bientôt un tel écrit.

ÉRASTE.

Ah ! cache-lui, de grâce, une peur passagère,
Où mon âme a cru voir quelque peu de lumière :
Ou, si tu la lui dis, ajoute que ma mort
Est prête d'expier l'erreur de ce transport;
Que je vais à ses pieds, si j'ai pu lui déplaire,
Sacrifier ma vie à sa juste colère.

MARINETTE.

Ne parlons point de mort, ce n'en est pas le temps.

ÉRASTE.

Au reste, je te dois beaucoup, et je prétends
Reconnaître dans peu, de la bonne manière,
Les soins d'une si noble et si belle courrière.

MARINETTE.

A propos, savez-vous où je vous ai cherché,
Tantôt encor ?

ÉRASTE.

Eh bien ?

MARINETTE.

Tout proche du marché,
Où vous savez.

ÉRASTE.

Où donc ?

MARINETTE.

Là, dans cette boutique,
Où, dès le mois passé, votre cœur magnifique
Me promit, de sa grâce, une bague.

ÉRASTE.

Ah ! j'entends.

GROS-RENÉ.

La matoise !

ÉRASTE.

Il est vrai, j'ai tardé trop longtemps

A m'acquitter vers toi d'une telle promesse;
Mais...

MARINETTE.

Ce que j'en ai dit n'est pas que je vous presse.

GROS-RENÉ.

Ho! que non!

ÉRASTE, *lui donne sa bague.*

Celle-ci peut-être aura de quoi
Te plaire; accepte-la pour celle que je doi.

MARINETTE.

Monsieur, vous vous moquez; j'aurais honte à la prendre.

GROS-RENÉ.

Pauvre honteuse, prends sans davantage attendre;
Refuser ce qu'on donne est bon à faire aux fous.

MARINETTE.

Ce sera pour garder quelque chose de vous.

ÉRASTE.

Quand puis-je rendre grâce à cet ange adorable?

MARINETTE.

Travaillez à vous rendre un père favorable.

ÉRASTE.

Mais s'il me rebutait, dois-je...

MARINETTE.

Alors comme alors,
Pour vous on emploira toutes sortes d'efforts:
D'une façon ou d'une autre, il faut qu'elle soit vôtre...
Faites votre pouvoir, et nous ferons le nôtre.

ÉRASTE.

Adieu, nous en saurons le succès dans ce jour.

(Il relit la lettre tout bas).

MARINETTE, *à Gros-René.*

Et nous, que dirons-nous aussi de notre amour?

Tu ne m'en parles point.

GROS-RENÉ.

Un hymen qu'on souhaite
Entre gens comme nous, est chose bientôt faite.
Je te veux, me veux-tu de même ?

MARINETTE.

Avec plaisir.

GROS-RENÉ.

Touche, il suffit.

MARINETTE.

Adieu, Gros-René, mon désir.

GROS-RENÉ.

Adieu, mon astre.

MARINETTE.

Adieu, beau tison de ma flamme.

GROS-RENÉ.

Adieu, chère comète, arc-en-ciel de mon âme.
Le bon Dieu soit loué, nos affaires vont bien ;
Son père n'est pas homme à vous refuser rien.

ÉRASTE.

Valère vient à nous.

GROS-RENÉ.

Je plains le pauvre hère,
Sachant ce qui se passe.

SCÈNE III.

ÉRASTE, VALÈRE, GROS-RENÉ.

ÉRASTE.

Hé bien ! seigneur Valère ?

VALÈRE.

Hé bien ! seigneur Éraste ?

ÉRASTE.

En quel état l'amour ?

VALÈRE.

En quel état vos feux ?

ÉRASTE.

Plus forts de jour en jour.

VALÈRE.

Et mon amour plus fort.

ÉRASTE.

Pour Lucile ?

VALÈRE.

Pour elle.

ÉRASTE.

Certes, je l'avoûrai, vous êtes le modèle
D'une rare constance.

VALÈRE.

Et votre fermeté
Doit être un rare exemple à la postérité.

ÉRASTE.

Pour moi, je suis peu fait à cet amour austère

Qui dans les seuls regards trouve à se satisfaire,
Et je ne forme point d'assez beaux sentiments
Pour souffrir constamment les mauvais traitements.
Enfin, quand j'aime bien, j'aime fort que l'on m'aime.

VALÈRE.

Il est très-naturel, et j'en suis bien de même;
Le plus parfait objet dont je serais charmé
N'aurait pas mes tributs, n'en étant point aimé.

ÉRASTE.

Lucile cependant...

VALÈRE.

Lucile dans son âme
Rend tout ce que je veux qu'elle rende à ma flamme.

ÉRASTE.

Vous êtes donc facile à contenter?

VALÈRE.

Pas tant.
Que vous pourriez penser.

ÉRASTE.

Je puis croire, pourtant,
Sans trop de vanité, que je suis en sa grâce.

VALÈRE.

Moi, je sais que j'y tiens une assez bonne place.

ÉRASTE.

Ne vous abusez point, croyez-moi.

VALÈRE.

Croyez-moi,
Ne laissez point duper vos yeux à trop de foi.

ÉRASTE.

Si j'osais vous montrer une preuve assurée
Que son cœur... Non, votre âme en serait altérée.

VALÈRE.

Si je vous osais, moi, découvrir un secret...

Mais je vous fâcherais, et veux être discret.

ÉRASTE.

Vraiment vous me poussez, et, contre mon envie,
Votre présomption veut que je l'humilie.
Lisez.

VALÈRE.

Ces mots sont doux.

ÉRASTE.

Vous connaissez la main?

VALÈRE.

Oui, de Lucile.

ÉRASTE.

Hé bien, cet espoir si certain?..

VALÈRE, *riant et s'en allant.*

Adieu, seigneur, Éraste.

GROS-RENÉ.

Il est fou, le bonsire.
Où vient-il donc pour lui d'avoir le mot pour rire?

ÉRASTE.

Certes, il me surprend, et j'ignore, entre nous,
Quel diable de mystère est caché là-dessous.

GROS-RENÉ.

Son valet, je le pense...

ÉRASTE.

Oui, je le vois paraître.
Feignons, pour le jeter sur l'amour de son maître.

SCÈNE IV.

MASCARILLE, ÉRASTE, GROS-RENÉ.

MASCARILLE.

Non, je ne trouve point d'état plus malheureux,
Que d'avoir un patron jeune et fort amoureux.

GROS-RENÉ.

Bonjour.

MASCARILLE.

Bonjour.

GROS-RENÉ.

Où tend Mascarille à cette heure?
Que fait-il? revient-il? va-t-il? ou s'il demeure?

MASCARILLE.

Non, je ne reviens pas, car je n'ai pas été;
Je ne vais pas non plus, car je suis arrêté,
Et ne demeure point, car tout de ce pas même
Je prétends m'en aller.

ÉRASTE.

La rigueur est extrême.
Doucement, Mascarille.

MASCARILLE.

Ah! monsieur, serviteur.

ÉRASTE.

Vous nous fuyez bien vite; hé quoi! vous fais-je peur?

MASCARILLE.

Je ne crois pas cela de votre courtoisie.

ÉRASTE.

Touche, nous n'avons plus sujet de jalousie;

Nous devenons amis, et mes feux que j'éteins
Laissent un libre cours à vos heureux destins.

MASCARILLE.

Plût à Dieu !

ÉRASTE.

Gros-René sait qu'ailleurs je me jette.

GROS-RENÉ.

Sans doute ; et je te cède aussi la Marinette.

MASCARILLE.

Passons sur ce point-là ; notre rivalité
N'est pas pour en venir à grande extrémité ;
Mais est-ce un coup bien sûr que votre seigneurie
Soit désamourachée, ou si c'est raillerie?

ÉRASTE.

J'ai su qu'en ses amours ton maître était trop bien ;
Et je serais un fou de prétendre plus rien
Aux secrètes faveurs que lui fait cette belle.

MASCARILLE.

Certes, vous me plaisez avec cette nouvelle.
Outre qu'en nos projets je vous craignais un peu,
Vous tirez sagement votre épingle du jeu.
Oui, vous avez bien fait de quitter une place
Où l'on vous caressait pour la seule grimace ;
Et mille fois, sachant tout ce qui se passait,
J'ai plaint le faux espoir dont on vous repaissait :
On offense un brave homme alors que l'on l'abuse.
Mais d'où diantre, après tout, avez-vous su la ruse ?
Car cet engagement mutuel de leur foi
N'eut pour témoin, la nuit, que deux autres et moi ;
Et l'on croit jusqu'ici la chaîne fort secrète,
Qui rend de nos amants la flamme satisfaite.

ÉRASTE.

Hé, que dis-tu?

MASCARILLE.

Je dis que je suis interdit,

Et ne sais pas, monsieur, qui peut vous avoir dit
Que, sous ce faux semblant qui trompe tout le monde,
En vous trompant aussi, leur ardeur sans seconde
D'un secret mariage a serré le lien.

ÉRASTE.

Vous en avez menti.

MASCARILLE.

Monsieur, je le veux bien.

ÉRASTE.

Vous êtes un coquin.

MASCARILLE.

D'accord.

ÉRASTE.

Et cette audace
Mériterait cent coups de bâton sur la place.

MASCARILLE.

Vous avez tout pouvoir.

ÉRASTE.

Ah! Gros-René!

GROS-RENÉ.

Monsieur.

ÉRASTE.

Je démens un discours dont je n'ai que trop peur.
(*A Mascarille.*)
Tu penses fuir?

MASCARILLE.

Nenni.

ÉRASTE.

Quoi! Lucile est la femme...

MASCARILLE.

Non, Monsieur, je raillais.

ÉRASTE.

Ah! vous railliez, infâme!

MASCARILLE.

Non, je ne raillais point.

ÉRASTE.

Il est donc vrai!

MASCARILLE.

Non pas,
Je ne dis pas cela.

ÉRASTE.

Que dis-tu donc?

MASCARILLE.

Hélas!
Je ne dis rien de peur de mal parler.

ÉRASTE.

Assure,
Ou si c'est chose vraie, ou si c'est imposture.

MASCARILLE.

C'est ce qu'il vous plaira, je ne suis pas ici
Pour vous rien contester.

ÉRASTE.

Veux-tu dire? voici,
Sans marchander, de quoi te délier la langue.

MASCARILLE.

Elle ira faire encor quelque sotte harangue.
Hé! de grâce, plutôt, si vous le trouvez bon,
Donnez-moi vitement quelques coups de bâton,
Et me laissez tirer mes chausses sans murmure.

ÉRASTE.

Tu mourras, ou je veux que la vérité pure
S'exprime par ta bouche.

MASCARILLE.

Hélas! je le dirai;
Mais peut-être, monsieur, que je vous fâcherai.

ÉRASTE.

Parle, mais prends bien garde à ce que tu vas faire,

A ma juste fureur rien ne peut te soustraire,
Si tu mens d'un seul mot à ce que tu diras.

MASCARILLE.

J'y consens, rompez-moi les jambes et les bras,
Faites-moi pis encor, tuez-moi si j'impose
En tout ce que j'ai dit ici la moindre chose.

ÉRASTE.

Ce mariage est vrai?

MASCARILLE.

Ma langue, en cet endroit,
A fait un pas de clerc dont elle s'aperçoit;
Mais enfin cette affaire est comme vous la dites,
Et c'est après cinq jours de nocturnes visites,
Tandis que vous serviez à mieux couvrir leur jeu,
Que depuis avant-hier ils sont joints de ce nœud;
Et Lucile depuis fait encor moins paraître
Le violent amour qu'elle porte à mon maître.
Si, malgré mes serments, vous doutez de ma foi,
Gros-René peut venir une nuit avec moi,
Et je lui ferai voir, étant en sentinelle,
Que nous avons dans l'ombre un libre accès chez elle,

ÉRASTE.

Ote-toi de mes yeux, maraud.

MASCARILLE.

Et de grand cœur.

(*A part.*)

C'est ce que je demande. Il en tient, le monsieur.
Comme ils ont tous les deux avalé cette fable!

(*Il sort.*)

ÉRASTE.

Quel coup il m'a porté, le bourreau détestable!
Je vois trop d'apparence à tout ce qu'il a dit;
Et ce qu'a fait Valère en voyant cet écrit,
Marque bien leur concert, et que c'est une baie
Qui sert sans doute aux feux dont l'ingrate le paie.

SCÈNE V.

MARINETTE, GROS-RENÉ, ÉRASTE.

MARINETTE.

Je viens vous avertir que tantôt, sur le soir,
Ma maîtresse au jardin vous permet de la voir.

ÉRASTE.

Oses-tu me parler, âme double et traîtresse?
Va, sors de ma présence, et dis à ta maîtresse
Qu'avec tous ses écrits elle me laisse en paix,
Et que voilà l'état, infâme, que j'en fais.

(*Il déchire la lettre.*)

MARINETTE.

Gros-René, dis-moi donc, quelle mouche le pique?

GROS-RENÉ.

M'oses-tu bien encor parler, femelle inique!
Crocodile trompeur, de qui le cœur félon
Est pire qu'un Satrape, ou bien qu'un Lestrigon!
Va, va rendre réponse à ta bonne maîtresse,
Et lui dis, bien et beau, que, malgré sa souplesse,
Nous ne sommes plus sots, ni mon maître ni moi,
Et désormais qu'elle aille au diable, ainsi que toi.

MARINETTE, *seule.*

Ma pauvre Marinette, es-tu bien éveillée?
De quel démon est donc leur âme travaillée?
Quoi! faire un tel accueil à nos soins obligeans!
Oh! que ceci chez nous va surprendre les gens!

ACTE DEUXIÈME.

SCÈNE PREMIÈRE.

LUCILE, MARINETTE.

LUCILE.

Quoi ! me traiter ainsi? Qui l'eût pu jamais croire,
Lorsqu'à le rendre heureux je mets toute ma gloire ?
C'en est fait, aujourd'hui je prétends me venger,
Et si cette action a de quoi m'affliger,
C'est toute la douceur que mon cœur se propose :
Le dépit fait en moi cette métamorphose ;
Je veux chérir Valère après tant de fierté,
Et mes vœux maintenant tournent de son côté.

MARINETTE.

La résolution, madame, est assez prompte.

LUCILE.

Un cœur ne pèse rien alors que l'on l'affronte ;
Il court à sa vengeance, et saisit promptement
Tout ce qu'il croit servir à son ressentiment.
Le traître ! faire voir cette insolence extrême !

MARINETTE.

Vous m'en voyez encor toute hors de moi-même,
Et quoique là-dessus je rumine sans fin,
L'aventure me passe, et j'y perds mon latin,
Car enfin aux transports d'une bonne nouvelle
Jamais cœur ne s'ouvrit d'une façon plus belle.

De l'écrit obligeant le sien tout transporté,
Ne me donnait pas moins que de la déité;
Et cependant, jamais à cet autre message
Elle ne fut traitée avecque tant d'outrage:
Je ne sais, pour causer de si grands changements,
Ce qui s'est pu passer entre ces courts moments.

LUCILE.

Rien ne s'est pu passer dont il faille être en peine,
Puisque rien ne le doit défendre de ma haine.
Quoi! tu voudrais chercher, hors cette lâcheté,
La secrète raison de cette indignité?
Cet écrit malheureux dont mon âme s'accuse,
Peut-il à son transport souffrir la moindre excuse?

MARINETTE.

En effet, je comprends que vous avez raison,
Et que cette querelle est pure trahison.
Nous en tenons, madame! Et puis prêtons l'oreille
A ces chiens de pendards qui nous chantent merveille,
Qui pour nous accrocher feignent tant de langueur,
Laissons à leurs beaux mots fondre notre rigueur!
Rendons-nous à leurs vœux, trop faibles que nous sommes.
Foin de notre sottise, et peste soit des hommes!

LUCILE.

Hé bien! quoiqu'il s'en vante et rie à nos dépens,
Il n'aura pas sujet d'en triompher longtemps,
Et je lui ferai voir qu'en une âme bien faite
Le mépris suit de près la faveur qu'on rejette.

MARINETTE.

Au moins, en pareil cas, c'est un bonheur bien doux,
Quand on sait qu'on n'a point d'avantage sur nous.
Marinette eut bon nez; quoi qu'on en puisse dire,
De ne permettre rien un soir qu'on voulait rire;
Quelque autre, sous l'espoir du *matrimonium*,
Aurait ouvert l'oreille à la tentation,
Mais moi, *nescio vos*.

LUCILE.

Que tu dis de folies!

Et choisis mal ton temps pour de telles saillies :
Enfin je suis touchée au cœur sensiblement,
Et si jamais celui de ce perfide amant,
Par un coup de bonheur, dont j'aurais tort, je pense,
De vouloir à présent concevoir l'espérance
(Car le ciel a trop pris plaisir de m'affliger,
Pour me donner celui de pouvoir me venger),
Quand, dis-je, par un sort à mes désirs propice,
Il reviendrait m'offrir sa vie en sacrifice ;
Détester à mes pieds l'action d'aujourd'hui,
Je te défends surtout de me parler pour lui ;
Au contraire, je veux que ton zèle s'exprime
A me bien mettre aux yeux la grandeur de son crime,
Et même, si mon cœur était pour lui tenté
De descendre jamais à quelque lâcheté ;
Que ton affection me soit alors sévère,
Et tienne comme il faut la main à ma colère.

MARINETTE.

Vraiment, n'ayez point peur, et laissez faire à nous ;
J'ai pour le moins autant de colère que vous,
Et je serai plutôt fille toute ma vie,
Que mon gros traître aussi me redonnât envie.
Il vient, retirons-nous, laissons-les, croyez-moi,
Sans chercher de raison de leur mauvaise foi.

(Elles vont pour sortir.)

SCÈNE II.

LUCILE, MARINETTE, GROS-RENÉ.

GROS-RENÉ, *tenant une lettre.*

Ah ! madame, arrêtez, écoutez-moi de grâce ;
Mon maître se désole, et ce n'est point grimace,
Le billet que voici va vous dire pourquoi...

LUCILE.

Va, va, je fais état de lui comme de toi,
Qu'il me laisse tranquille.

(*Elle sort.*)

GROS-RENÉ.

Et toi donc, ma princesse,
A son exemple aussi feras-tu la tigresse?

MARINETTE.

Allons, laisse-nous là, beau valet de carreau.
Penses-tu que l'on soit bien tenté de ta peau?

(*Elle sort.*)

GROS-RENÉ.

Fort bien, pour compléter mon illustre ambassade,
Il ne me manque plus qu'un peu de bastonnade.

SCÈNE III.

ÉRASTE, GROS-RENÉ.

GROS-RENÉ.

Ah! vous voilà, monsieur : vous venez à propos
Pour avoir la réponse.

ÉRASTE.

Allons, vite, en deux mots :
As-tu trouvé Lucile? As-tu remis ma lettre?
Dis, quel succès heureux puis-je enfin me promettre?

GROS-RENÉ.

Là, là, tout doucement; moins de vivacité
Conviendrait un peu mieux à l'amour molesté :
Le vôtre est dans ce cas, monsieur.

ÉRASTE.

Que veux-tu dire?

GROS-RENÉ.

Mais que vous auriez pu vous dispenser d'écrire;
Car voilà votre lettre.

ÉRASTE.

Encore rebuté ?

GROS-RENÉ.

Jamais ambassadeur ne fut moins écouté.
A peine ai-je voulu lui porter la nouvelle
Du moment d'entretien que vous souhaitiez d'elle,
Qu'elle m'a répondu, tenant son quant-à-soi:
Va, va, je fais état de lui comme de toi;
Dis-lui qu'il se promène. Et sur ce beau langage,
Pour suivre son chemin, m'a tourné le visage;
Et Marinette aussi d'un dédaigneux museau,
Lâchant un: Laissez-nous beau valet de carreau,
M'a planté là comme elle; et mon sort et le vôtre
N'ont rien à se pouvoir reprocher l'un à l'autre.

ÉRASTE.

L'ingrate! recevoir avec tant de fierté
Le prompt retour d'un cœur justement emporté!
Quoi! le premier transport d'un amour qu'on abuse
Sous tant de vraisemblance est indigne d'excuse?
Et ma plus vive ardeur, en ce moment fatal,
Devrait être insensible au bonheur d'un rival?
Tout autre n'eût pas fait même chose en ma place.
Et se fût moins laissé surprendre à tant d'audace;
De mes justes soupçons suis-je sorti trop tard?
Je n'ai point attendu de serment de sa part:
Et lorsque tout le monde encor ne sait qu'en croire,
Ce cœur impatient lui rend toute sa gloire;
Il cherche à s'excuser, et le sien voit si peu
Dans ce profond respect la grandeur de mon feu:
Loin d'assurer une âme et lui fournir des armes
Contre ce qu'un rival lui peut donner d'alarmes,
L'ingrate m'abandonne à mon jaloux transport,
Et rejette de moi message, écrit, abord.
Ah! sans doute un amour a peu de violence,

Qu'est capable d'éteindre une si faible offense,
Et ce dépit si prompt à s'armer de rigueur
Découvre assez pour moi tout le fond de son cœur,
Et de quel prix doit être à présent à mon âme
Tout ce dont son caprice a pu flatter ma flamme :
Non, je ne prétends plus demeurer engagé
Pour un cœur où je vois le peu de part que j'ai :
Et puisque l'on témoigne une froideur extrême
A conserver les gens, je veux faire de même.

GROS-RENÉ.

Et moi de même aussi; soyons tous deux fâchés,
Et mettons notre amour au rang des vieux péchés :
Il faut apprendre à vivre à ce sexe volage,
Et lui faire sentir que l'on a du courage ;
Qui souffre ses mépris veut bien les recevoir.
Si nous avions l'esprit de nous faire valoir,
Les femmes n'auraient point la parole si haute ;
Oh ! qu'elles nous sont bien fières par notre faute !
Je veux être pendu, si nous ne les verrions
Sauter à notre cou plus que nous voudrions,
Sans tous ces vils devoirs, dont la plupart des hommes,
Les gâtent tous les jours dans le siècle où nous sommes.

ÉRASTE.

Pour moi, sur toute chose un mépris me surprend;
Et pour punir le sien par un autre aussi grand,
Je veux mettre en mon cœur une nouvelle flamme.

GROS-RENÉ.

Et moi, je ne veux plus m'embarrasser de femme ;
A toutes je renonce, et crois de bonne foi
Que vous feriez fort bien de faire comme moi.
Car, voyez-vous, la femme est, comme on dit, mon maître,
Un certain animal difficile à connaître,
Et de qui la nature est fort encline au mal ;
Et comme un animal est toujours animal,
Et ne sera jamais qu'animal, quand sa vie
Durerait cent mille ans ; aussi sans repartie,
La femme est toujours femme, et jamais ne sera

Que femme tant qu'entier le monde durera :
D'où vient qu'un certain Grec dit que sa tête passe
Pour un sable mouvant ; car goûtez bien, de grâce,
Ce raisonnement-ci, lequel est des plus forts ;
Pour montrer ici-bas, ainsi qu'on l'interprète.
La tête d'une femme est comme une girouette
Au haut d'une maison, qui tourne au premier vent.
C'est pourquoi le cousin Aristote souvent
La compare à la mer ; d'où vient qu'on dit qu'au monde
On ne peut rien trouver de si mouvant que l'onde.
Or, par comparaison ; car la comparaison
Nous fait distinctement comprendre une raison,
Et nous aimons bien mieux, nous autres gens d'étude,
Une comparaison qu'une similitude.
Par comparaison donc, mon maître, s'il vous plaît,
Comme on voit que la mer, quand l'orage s'accroît,
Vient à se courroucer, le vent souffle et ravage,
Les flots contre les flots font un remû-ménage
Horrible, et le vaisseau, malgré le nautonnier,
Va tantôt à la cave et tantôt au grenier :
Ainsi, quand une femme a sa tête fantasque,
On voit une tempête en forme de bourrasque,
Qui veut compétiter par de certains... propos ;
Et lors un... certain vent, qui par... de certains flots,
De... certaine façon, ainsi qu'un banc de sable...
Quand... Les femmes enfin ne valent pas le diable.

ÉRASTE.

C'est fort bien raisonner.

GROS-RENÉ.

Assez bien, Dieu merci.
Mais je les vois, monsieur, qui passent par ici,
Tenez-vous ferme, au moins.

ÉRASTE.

Ne te mets pas en peine.

GROS-RENÉ.

J'ai bien peur que ses yeux resserrent votre chaîne.

SCÈNE IV.

ÉRASTE, LUCILE, MARINETTE, GROS-RENÉ.

MARINETTE.

Je l'aperçois encor, mais ne vous rendez point.

LUCILE.

Ne me soupçonne pas d'être faible à ce point.

MARINETTE.

Il vient à nous...

ÉRASTE.

Non, non, ne croyez pas, madame,
Que je revienne encor vous parler de ma flamme;
C'en est fait; je me veux guérir, et connais bien
Ce que de votre cœur a possédé le mien.
Un courroux si constant pour l'ombre d'une offense
M'a trop bien éclairci de votre indifférence,
Et je dois vous montrer que les traits du mépris
Sont sensibles surtout aux généreux esprits;
Je l'avoûrai, mes yeux observaient dans les vôtres
Des charmes qu'ils n'ont point trouvés dans tous les autres;
Et le ravissement où j'étais de mes fers
Les aurait préférés à des trônes offerts;
Mais enfin, il n'importe, et puisque votre haine
Chasse un cœur que l'amour tant de fois vous ramène,
C'est la dernière ici des importunités
Que vous aurez jamais de mes vœux rebutés.

LUCILE.

Vous pourriez faire aux miens la grâce tout entière,
Monsieur, et m'épargner encor cette dernière.

ÉRASTE.

Hé bien, madame! hé bien! ils seront satisfaits,
Oui, je romps avec vous, et j'y romps pour jamais,
Puisque vous le voulez. Que je perde la vie
Lorsque de vous parler je reprendrai l'envie.

LUCILE.

Tant mieux ; c'est m'obliger.

ÉRASTE.

Non, non : n'ayez pas peur,
Je tiendrai ma parole; eussé-je un faible cœur
Jusques à n'en pouvoir effacer votre image,
Croyez que vous n'aurez jamais cet avantage,
De me voir revenir.

LUCILE.

Ce serait bien en vain,

ÉRASTE.

Moi-même de cent coups je percerais mon sein
Si j'avais jamais fait cette bassesse insigne,
De vous revoir après ce traitement indigne.

LUCILE.

Soit donc, n'en parlons plus.

ÉRASTE.

Oui, oui, n'en parlons plus ;
Et, pour trancher ici tous propos superflus,
Et vous donner, ingrate, une preuve certaine
Que je veux sans retour sortir de votre chaîne,
Je ne veux rien garder qui puisse retracer
Ce que de mon esprit il me faut effacer ;
Voici votre portrait : il présente à la vue
Cent charmes éclatants dont vous êtes pourvue ;
Mais il cache sous eux cent défauts aussi grands
Et c'est un imposteur enfin que je vous rends.

GROS-RENÉ.

Bon.

LUCILE.

Et moi, pour vous suivre au dessein de tout rendre,
Voilà le diamant que vous m'avez fait prendre.

MARINETTE.

Fort bien.

ÉRASTE.

Il est à vous encor ce bracelet.

LUCILE.

Et cette agathe, à vous, qu'on fit mettre en cachet.

ÉRASTE, *lit.*

Vous m'aimez d'un amour extrême,
Eraste, et de mon cœur voulez être éclairci :
Si je n'aime Eraste de même,
Au moins aimé-je fort qu'Eraste m'aime aussi.

Vous m'assuriez par là d'agréer mon service ;
C'est une fausseté digne de ce supplice.

(*Il déchire la lettre.*)

LUCILE, *lit.*

J'ignore le destin de mon amour ardente,
Et jusqu'à quand je souffrirai ;
Mais je sais, ô beauté charmante !
Que toujours je vous aimerai.

Voilà qui m'assurait à jamais de vos feux ;
Et la main et la lettre ont menti toutes deux.

GROS-RENÉ.

Poussez.

ÉRASTE.

Elle est à vous ; suffit, même fortune.

MARINETTE.

Ferme.

LUCILE.

J'aurais regret d'en épargner aucune.

GROS-RENÉ.

N'ayez pas le dernier.

MARINETTE.

Tenez bon jusqu'au bout.

LUCILE.

Enfin, voilà le reste.

ÉRASTE.

Et, grâce au ciel, c'est tout,
Je sois exterminé si je ne tiens parole.

LUCILE.

Me confonde le ciel si la mienne est frivole.

ÉRASTE.

Adieu donc.

LUCILE.

Adieu donc.

MARINETTE.

Voilà qui va des mieux.

GROS-RENÉ.

Vous triomphez.

MARINETTE.

Allons, ôtez-vous de ses yeux.

GROS-RENÉ.

Retirez-vous, après cet effort de courage.

MARINETTE.

Qu'attendez-vous encor ?

GROS-RENÉ.

Que faut-il davantage?

ÉRASTE.

Ha, Lucile ! Lucile ! un cœur comme le mien

Se fera regretter, et je le sais fort bien.

LUCILE.

Éraste, Éraste, un cœur tout comme est fait le vôtre
Se peut facilement remplacer par un autre.

ÉRASTE.

Non, non, cherchez partout, vous n'en aurez jamais
De si passionné pour vous, je vous promets.
Je ne dis pas cela pour vous rendre attendrie;
J'aurais tort d'en former encore quelque envie;
Mes plus ardents respects n'ont pu vous obliger;
Vous avez voulu rompre, il n'y faut plus songer;
Mais personne après moi, quoi qu'on vous fasse entendre,
N'aura jamais pour vous de passion plus tendre.

LUCILE.

Quand on aime les gens on les traite autrement;
On fait de leur personne un meilleur jugement.

ÉRASTE.

Quand on aime les gens, on peut de jalousie
Sur beaucoup d'apparence avoir l'âme saisie :
Mon rival satisfait dit qu'il est votre époux,
Et vous ne voulez pas que je sois en courroux?

LUCILE.

Non, et si votre amour eût été véritable,
Il n'aurait pas donné créance à cette fable;
Mais votre cœur, Eraste, était mal enflammé.

ÉRASTE.

Ah! Lucile, jamais vous ne m'avez aimé.

LUCILE.

Hé! je crois que cela faiblement vous soucie!
Peut-être en serait-il beaucoup mieux pour ma vie,
Si je... Mais laissons-là ces discours superflus;
Je ne dis pas quels sont mes pensers là-dessus.

ÉRASTE.

Pourquoi?

LUCILE.

Par la raison que nous rompons ensemble,
Et que cela n'est plus de saison, ce me semble.

ERASTE.

Nous rompons?

LUCILE.

Oui, vraiment. Quoi ! n'en est-ce pas fait ?

ÉRASTE.

Et vous voyez cela d'un esprit satisfait ?

LUCILE.

Comme vous.

ÉRASTE.

Comme moi ?

LUCILE.

Sans doute, c'est faiblesse
De faire voir aux gens que leur perte nous blesse.

ÉRASTE.

Mais, cruelle, c'est vous qui l'avez bien voulu.

LUCILE.

Moi, point du tout ; c'est vous qui l'avez résolu.

ÉRASTE.

Moi ? je vous ai cru là faire un plaisir extrême.

LUCILE.

Point, vous avez voulu vous contenter vous-même.

ÉRASTE.

Mais si mon cœur voulait rentrer dans sa prison ;
Si, tout fâché qu'il est, il demandait pardon ?

LUCILE.

Non, non, n'en faites rien ; ma faiblesse est trop grande
J'aurais peur d'accorder trop tôt votre demande.

ÉRASTE.

Ah ! vous ne pouvez pas trop tôt me l'accorder,
Ni moi sur cette peur trop tôt le demander ;
Consentez-y, madame une flamme si belle
Doit, pour votre intérêt, demeurer immortelle.
Je le demande enfin ; me l'accorderez-vous,
Ce pardon obligeant ?

LUCILE.

Ramenez-moi chez nous.

SCÈNE V.

MARINETTE, GROS-RENÉ.

MARINETTE.

Oh ! la lâche personne !

GROS-RENÉ.

Ah ! le faible courage !

MARINETTE.

J'en rougis de dépit.

GROS-RENÉ.

J'en suis gonflé de rage.
Ne t'imagine pas que je me rende ainsi.

MARINETTE.

Et ne pense pas, toi, trouver ta dupe aussi.

GROS-RENÉ.

Viens, viens frotter ton nez auprès de ma colère.

MARINETTE.

Tu nous prends pour une autre, et tu n'as pas affaire
A ma sotte maîtresse. Ardez le beau museau
Pour nous donner envie encore de sa peau !
Moi, j'aurais de l'amour pour ta chienne de face?
Moi, je te chercherais? Ma foi, l'on t'en fricasse
Des filles comme nous.

GROS-RENÉ.

Oui, tu le prends par là?
Tiens ! tiens ! sans y chercher tant de façons, voilà
Ton beau galant de neige avec ta nompareille :
Il n'aura plus l'honneur d'être sur mon oreille.

MARINETTE.

Et toi, pour te montrer que tu m'es à mépris,
Voilà ton demi-cent d'aiguilles de Paris
Que tu me donnas hier avec tant de fanfare.

GROS-RENÉ.

Tiens, encor ton couteau : la pièce est riche et rare;

Il te coûta six blancs lorsque tu m'en fis don.

MARINETTE.

Tiens, tes ciseaux avec ta chaîne de laiton.

GROS-RENÉ.

J'oubliais d'avant-hier ton morceau de fromage;
Tiens, je voudrais pouvoir rejeter le potage
Que tu me fis manger, pour n'avoir rien de toi.

MARINETTE.

Je n'ai point maintenant de tes lettres sur moi;
Mais j'en ferai du feu jusques à la dernière.

GROS-RENÉ.

Et des tiennes tu sais ce que j'en saurai faire?

MARINETTE.

Prends garde à ne venir jamais me reprier.

GROS-RENÉ.

Pour couper tout chemin à nous repatrier,
Il faut rompre la paille, une paille rompue
Rend entre gens d'honneur toute affaire conclue;
Ne fais point les doux yeux, je veux être fâché.

MARINETTE.

Ne me lorgne point, toi, j'ai l'esprit trop touché.

GROS-RENÉ, *présentant une paille.*

Romps; voilà le moyen de ne s'en plus dédire;
Romps. Tu ris, bonne bête!

MARINETTE.

Oui, car tu me fais rire.

GROS-RENÉ.

La peste soit ton ris; voilà tout mon courroux
Déjà dulcifié; qu'en dis-tu? rompons-nous,
Ou ne rompons-nous pas?

MARINETTE.

Vois.

GROS-RENÉ.

Vois, toi.

MARINETTE.

Vois, toi-même.

GROS-RENÉ.

Est-ce que tu consens que jamais je ne t'aime?

MARINETTE.

Moi, ce que tu voudras.

GROS-RENÉ.

Ce que tu voudras, toi.
Dis...

MARINETTE.

Je ne dirai rien.

GROS-RENÉ.

Ni moi non plus.

MARINETTE.

Ni moi.

GROS-RENÉ.

Ma foi, nous ferions mieux de quitter la grimace,
Touche, je te pardonne.

MARINETTE.

Et moi, je te fais grâce.

GROS-RENÉ.

Mon Dieu! qu'à tes appas je suis accoquiné!

MARINETTE.

Que Marinette est sotte après son Gros-René!

GROS-RENÉ, *se mettant à genoux et contrefaisant son maître.*

Consentez-y, madame, une flamme si belle
Doit, pour votre intérêt, demeurer immortelle,
Je le demande enfin; me l'accorderez-vous,
Ce pardon obligeant?

MARINETTE.

Ramenez-moi chez nous.

GROS-RENÉ.

Allons chez le notaire, et qu'un bon mariage,
S'il en est, soit le fruit de ce repatriage.

FIN.

Poissy.—Typographie Arbieu.

www.ingramcontent.com/pod-product-compliance
Lightning Source LLC
LaVergne TN
LVHW012329100826
845148LV00017B/672